POEMAS DE AMOR
de los clásicos hispánicos

POEMAS DE AMOR
de los clásicos hispánicos

VARIOS AUTORES

"El amor es fe y no ciencia".
Francisco de Quevedo

Título: Poemas de amor de los clásicos hispánicos

Autor: Varios
Editorial TintaMala
ISBN: 978-84-16030-14-9

Esta recopilación de poemas de amor, como no podía ser de otra forma, tiene que pagar su atrevimiento desde el momento mismo en que ve la luz. Porque atrevimiento es plantearse y llevar a cabo una antología… de poemas de amor de los clásicos en español.

Digámoslo sin más preámbulos: **no están todos los que son**.

Eso sí, **son todos los que están**. Todos y cada uno de los autores aquí recogidos son grandes poetas. Y los poemas son, sin duda, grandes poemas de nuestra lengua.

Parte de la selección se realizó desde la propia editorial, pero posteriormente se ha aumentado con algunas aportaciones que recibimos en Facebook y en nuestro correo electrónico. Han sido decenas las personas que recogieron el guante a nuestra propuesta para que plantearan cuál era su poema de amor favorito.

Por eso, en reconocimiento a esas aportaciones, aquí ofrecemos un listado con todos ellos (esperamos no dejarnos a ninguno fuera).

tintamala

Hania Raydan
Ligia Elena Lovera Echeverria
Maria Fenix G
Blanca Every Sierra C
Nikko Vaudeville
Zoraida Linares
Coromoto Vanegas
Mayra Elena Lopez
Henry José Ramírez
Aulides García
Yelitza Leon
Ana Belen de Orellana
Jenny Pravia
Leonardo Delgado Escamilla
Gus Valdivieso
Solangel Rodriguez de Laya
Jorge Diaz Carmona
Eleazar Espinoza Hernández
Miriam Alamo
Luz Marina Barroso
Maria Helena Jardim
Diaisi Arasme
Santoficio Teatro
Mary Carmen Ugas
Zoraida Jiménez
Miriam Gutierrez
Josefina Parra
María Isabel García
Nikko Vaudeville
Coromoto Vanegas
Ana Belen de Orellana
Dora Helena Ospina Restrepo
Amalia Rios
Lula Rosas
Peggi Sue Flores Simancas
Susbel Casañas Castrillo
Ismael Oswaldo Rivas Martinez
Alba Rosa Marcano Rondon
Angelica Bustamante

Lourdes Mencho Aguilar Esqueda
Gloria Visconti
Marcelino Gauta
Encarnación Méndez S
Chabela Haslam
Lisbeth Gutierrez
Blanca Sandoval
Zoraida Jiménez
Ruben Dario Montero Camal
Nena H Daza
Maria Fenix G
Zoraida Orellana
Estrella Maldonado
Claret Chirinos
Emma Marval
Ligia Elena Lovera Echeverria
Zoraida Linares
Mayra Elena Lopez
Aulides García
Yelitza Leon
Jenny Pravia
Maliyel Beverido
Francisco Alonso
José Rodríguez
Nellyber Caravaca
Xavier Rincon
Lourdes Gutierrez
Ody Solorzano
Trina Zoraida González Trocell
Lilia Campos
Yaritza Madrigal Ortiz
Gloria Visconti
Pilar Alban
Jesus Armando Carabaño Alvarez
Carmen Yadira Contreras Rangel
Maribelise León de

González
Maria Vargas
Isabel Guerrero
Marisabel Suarez
Farry Riverport
Nilse Diaz
Zulia Carmela Sarmiento Gutierrez
Carmen Zerpa
Mireya-Jose A Echeverz
Leida Hernandez
Lorena Cardenasr Ruiz
Jenny Ledo
Jazmin Astorga
BombonesyMas
Ligia Peña de Febres
Maria Isabel
Irina Gutiérrez
Esther María
Victor Cardenas Rojas
Lorenzo Bandres
Chikkis Fernandez
Hermes Antonio Varillas Labrador
Daniel Cortez Alaña
Beatriz Borregales
Adriana Medina Freitez
Ruben Dario Montero Camal
Hania Raydan
Dala Verde
Lourdes Ramos Villarroel
Arantza Marín
Deyanira García
Ramón Rosales
Lorena Cárdenas
Iraida Quintero
Derna Constantini Rickel
Misha Yvori
Aixa Socorro
Juan Carlos Hernandez
Gregg Villlalba

NOTA del EDITOR

Como se desprende del anterior listado, fueron decenas los y las que nos hicieron llegar sus aportaciones para realizar una antología de poemas de amor en lengua castellana. Pero la cuestión es que nuestro planteamiento (así lo indicábamos desde un principio en el enlace a nuestro blog que colgamos de Facebook) era para elegir autores de los mejores poemas de amor en español clásicos, es decir, previos al siglo XX.

Pese a todo, al recibir tantas sugerencias de autores del siglo XX y contemporáneos nos pusimos en contacto con los responsables de los derechos de autor de los mismos. Y de los citados responsables de los derechos de publicación, algunos no nos contestaron y otros nos pidieron 150 euros por publicar un sólo poema que, además, iba a pasar a dominio público en un par de años.

Así que, sintiéndolo mucho por todos los que vais a echar en falta poemas más actuales, publicamos el libro retomando el planteamiento inicial.

Poemas de amor de los clásicos hispánicos. Previos al siglo XX.

Romance del Conde Niño   **15**

Los fuegos qu'en mí encendieron   **19**

Escrito está en mi alma vuestro gesto   **23**

Noche oscura del alma   **25**

El pastorcico   **29**

Yo toda me entregué y di   **31**

Desmayarse, atreverse, estar furioso   **33**

Suelta mi manso, mayoral extraño   **35**

La dulce boca que a gustar convida   **37**

Mientras por competir con tu cabello   **39**

Romancillo: La más bella niña   **41**

Amor constante más allá de la muerte   **45**

Preso en los laberintos del amor no puede ya lograr ventura   **47**

Estas que fueron pompa y alegría   **49**

Al que ingrato me deja, busco amante   **51**

Arder en viva llama, helarme luego   **53**

Rimas   **55**

Canto a Teresa   **61**

Cuando la tierra fría   **77**

Amo, amas   **79**

Don Juan Tenorio   **81**

Nocturno a Rosario   **85**

A solas   **91**

El seminarista de los ojos negros   **97**

Lo que debes amar   **103**

En paz   **105**

Y si después de tantas palabras   **107**

Pienso en ti   **111**

Azul   **113**

ROMANCERO GE-
NERAL, EN QVE SE CON-
tienen todos los Romances que andan
impreſſos en las nueue partes
de Romanceros.

ANÓNIMO
Romance del Conde Niño

Conde Niño, por amores
es niño y pasó a la mar;
va a dar agua a su caballo
la mañana de San Juan.
Mientras el caballo bebe
él canta dulce cantar;
todas las aves del cielo
se paraban a escuchar;
caminante que camina
olvida su caminar,
navegante que navega
la nave vuelve hacia allá.
La reina estaba labrando,
la hija durmiendo está:
—Levantaos, Albaniña,
de vuestro dulce folgar,
sentiréis cantar hermoso
la sirenita del mar.
—No es la sirenita, madre,
la de tan bello cantar,
si no es el Conde Niño
que por mí quiere finar.
¡Quién le pudiese valer

en su tan triste penar!
—Si por tus amores pena,
¡oh, malhaya su cantar!,
y porque nunca los goce
yo le mandaré matar.
—Si le manda matar, madre
juntos nos han de enterrar.
Él murió a la media noche,
ella a los gallos cantar;
a ella como hija de reyes
la entierran en el altar,
a él como hijo de conde
unos pasos más atrás.
De ella nació un rosal blanco,
de él nació un espino albar;
crece el uno, crece el otro,
los dos se van a juntar;
las ramitas que se alcanzan
fuertes abrazos se dan,
y las que no se alcanzaban
no dejan de suspirar.
La reina, llena de envidia,
ambos los mandó cortar;

el galán que los cortaba
no cesaba de llorar;
della naciera una garza,
dél un fuerte gavilán,
juntos vuelan por el cielo,
juntos vuelan a la par.

don Jorge Manrique

JORGE MANRIQUE
Los fuegos qu'en mí encendieron

I

Los fuegos qu'en mí encendieron
los mis amores passados,
nunca matallos pudieron
las lágrimas que salieron
de los mis ojos cuytados;
pues no por poco llorar,
que mis llantos muchos fueron,
mas no se pueden matar
los fuegos de bien amar
si de verdad se prendieron.

II

Nunca nadie fue herido
de fiera llaga mortal
que tan bien fuesse guarido,
que le quedasse en olvido
de todo punto su mal.
En mí se puede probar,
que yo no sé qué me haga,
que, quando pienso sanar,
de nuevo quiebra pesar
los puntos della mi llaga.

III

Esto haze mi ventura
que tan contraria m'a sido,
que su plazer y holgura
es mi pesar y tristura,
y su bien, verme perdido.
Mas un consuelo me da
este gran mal que me haze:
que pienso que no tendrá
más dolor que darme ya
ni mal con quien m'amenaze.

IV

¿Qué dolor puede dezir
ventura que m'a de dar
que no lo pueda sofrir?
Porque después de morir,
no hay otro mal ni penar.
Por esto no temo nada,
ni tengo de qué temer,
porque mi muerte es passada
y la vida no acabada,
qu'es la gloria c'a de haber.

V

Pues pena muy sin medida,
ni desiguales dolores,
ni rabia muy dolorida,
¿qué pueden hazer a vida
que los dessea mayores?
No sé en qué pueda dañarme
ni mal que pueda hazerme;
pues que lo más es matarme;
desto no puede pesarme,
de todo debe plazerme.

VI [Cabo]

Sobró mi amor en amor
al amor más desigual,
y mi dolor en dolor
al dolor que fue mayor
en el mundo y más mortal.
Y mi firmeza en firmeza
sobró todas las firmezas,
y mi tristeza en tristeza
por perder una belleza
que sobró todas bellezas.

GARCILASO DE LA VEGA
Escrito está en mi alma vuestro gesto

Escrito está en mi alma vuestro gesto,
y cuanto yo escribir de vos deseo;
vos sola lo escribisteis, yo lo leo
tan solo, que aun de vos me guardo en esto.

En esto estoy y estaré siempre puesto;
que aunque no cabe en mí cuanto en vos veo,
de tanto bien lo que no entiendo creo,
tomando ya la fe por presupuesto.

Yo no nací sino para quereros;
mi alma os ha cortado a su medida;
por hábito del alma mismo os quiero.

Cuanto tengo confieso yo deberos;
por vos nací, por vos tengo la vida,
por vos he de morir y por vos muero.

SAN JUAN DE LA CRUZ
Noche oscura del alma

Canciones del alma que se goza de haber llegado al alto estado de la perfección, que es la unión con Dios, por el camino de la negación espiritual.

En una noche oscura,
con ansias en amores inflamada,
(¡oh dichosa ventura!)
salí sin ser notada,
estando ya mi casa sosegada.

A oscuras y segura,
por la secreta escala disfrazada,
(¡oh dichosa ventura!)
a oscuras y en celada,
estando ya mi casa sosegada.

En la noche dichosa,
en secreto, que nadie me veía,
ni yo miraba cosa,
sin otra luz y guía
sino la que en el corazón ardía.

Aquésta me guïaba
más cierta que la luz del mediodía,
adonde me esperaba
quien yo bien me sabía,
en parte donde nadie parecía.

¡Oh noche que me guiaste!,
¡oh noche amable más que el alborada!,
¡oh noche que juntaste
Amado con amada,
amada en el Amado transformada!

En mi pecho florido,
que entero para él solo se guardaba,
allí quedó dormido,
y yo le regalaba,
y el ventalle de cedros aire daba.

El aire de la almena,
cuando yo sus cabellos esparcía,
con su mano serena
en mi cuello hería,
y todos mis sentidos suspendía.

Quedéme y olvidéme,
el rostro recliné sobre el Amado,
cesó todo, y dejéme,
dejando mi cuidado
entre las azucenas olvidado.

SAN JUAN DE LA CRUZ
El pastorcico

Un pastorcico solo está penado,
ajeno de placer y de contento,
y en su pastora puesto el pensamiento,
y el pecho de amor muy lastimado.

No llora por haberle amor llagado,
que no le pena verse así afligido,
aunque en el corazón está herido;
mas llora por pensar que está olvidado.

Que sólo de pensar que está olvidado
de su bella pastora, con gran pena
se deja maltratar en tierra ajena,
el pecho del amor muy lastimado.

Y dice el pastorcico: «¡Ay, desdichado
de aquel que de mi amor ha hecho ausencia
y no quiere gozar la mi presencia,
y el pecho por su amor muy lastimado!».

Y a cabo de un gran rato se ha encumbrado
sobre un árbol, do abrió sus brazos bellos,
y muerto se ha quedado, asido dellos,
el pecho del amor muy lastimado.

SANTA TERESA DE JESÚS
Yo toda me entregué y di

Yo toda me entregué y di
y de tal suerte he trocado,
que mi Amado para mí
y yo soy para mi Amado.

Cuando el dulce Cazador
me tiró y dejó herida
en los brazos del amor,
mi alma quedó rendida;
y cobrando nueva vida
de tal manera he trocado,
que mi Amado para mí
y yo soy para mi Amado.

Hirióme con una flecha
enherbolada de amor
y mi alma quedó hecha
una con su Criador.
Ya yo no quiero otro amor,
pues a mi Dios me he entregado,
y mi Amado para mí
y yo soy para mi Amado.

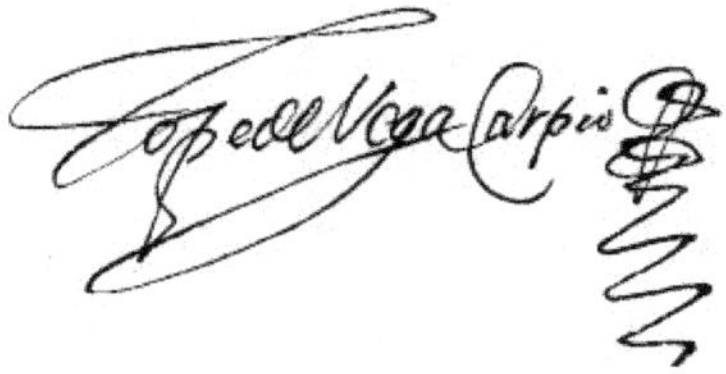

LOPE DE VEGA

Desmayarse, atreverse, estar furioso

Desmayarse, atreverse, estar furioso,
áspero, tierno, liberal, esquivo,
alentado, mortal, difunto, vivo,
leal, traidor, cobarde y animoso;

no hallar fuera del bien centro y reposo,
mostrarse alegre, triste, humilde, altivo,
enojado, valiente, fugitivo,
satisfecho, ofendido, receloso;

huir el rostro al claro desengaño,
beber veneno por licor süave,
olvidar el provecho, amar el daño;

creer que un cielo en un infierno cabe,
dar la vida y el alma a un desengaño;
esto es amor, quien lo probó lo sabe.

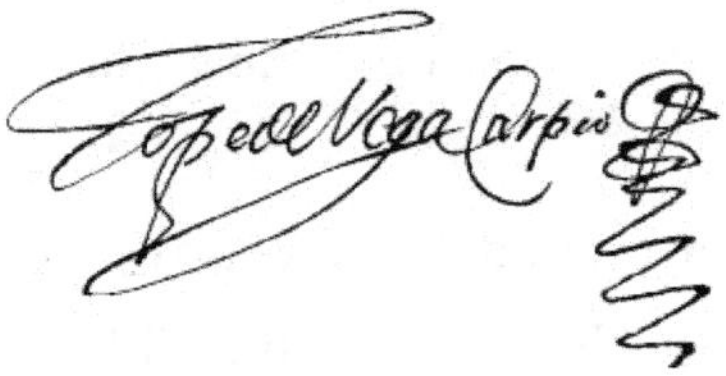

LOPE DE VEGA
Suelta mi manso, mayoral extraño

Suelta mi manso, mayoral extraño,
pues otro tienes de tu igual decoro;
deja la prenda que en el alma adoro,
perdida por tu bien y por mi daño.

Ponle su esquila de labrado estaño,
y no le engañen tus collares de oro;
toma en albricias este blanco toro,
que a las primeras hierbas cumple un año.

Si pides señas, tiene el vellocino
pardo, encrespado, y los ojuelos tiene
como durmiendo en regalado sueño.

Si piensas que no soy su dueño, Alcino,
suelta, y verásle si a mi choza viene:
que aún tienen sal las manos de su dueño.

LUIS DE GÓNGORA
La dulce boca que a gustar convida

La dulce boca que a gustar convida
un humor entre perlas destilado,
y a no envidiar aquel licor sagrado
que a Júpiter ministra el garzón de Ida,

amantes, no toquéis si queréis vida,
porque entre un labio y otro colorado
Amor está, de su veneno armado,
cual entre flor y flor sierpe escondida.

No os engañen las rosas, que a la Aurora
diréis que, aljofaradas y olorosas,
se le cayeron del purpúreo seno;

manzanas son de Tántalo y no rosas,
que después huyen del que incitan ahora,
y sólo del Amor queda el veneno.

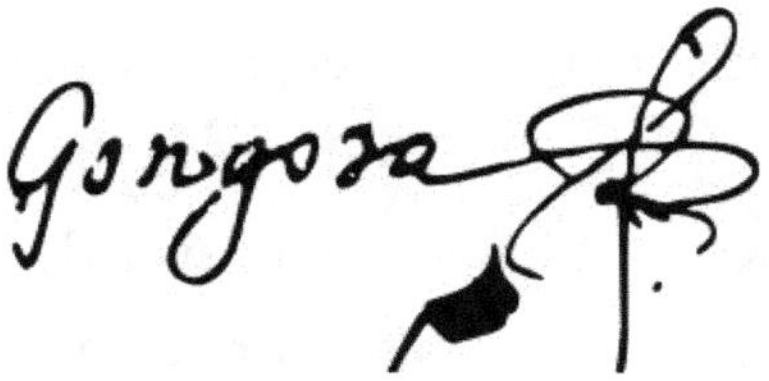

LUIS DE GÓNGORA
Mientras por competir con tu cabello

Mientras por competir con tu cabello,
oro bruñido al sol relumbra en vano,
mientras con menosprecio en medio el llano
mira tu blanca frente al lilio bello;

mientras a cada labio, por cogello,
siguen más ojos que al clavel temprano,
y mientras triunfa con desdén lozano
del luciente cristal tu gentil cuello,

goza cuello, cabello, labio y frente,
antes que lo que fue en tu edad dorada
oro, lilio, clavel, cristal luciente,

no sólo en plata o vïola troncada
se vuelva, mas tú y ello juntamente
en tierra, en humo, en polvo, en sombra, en nada.

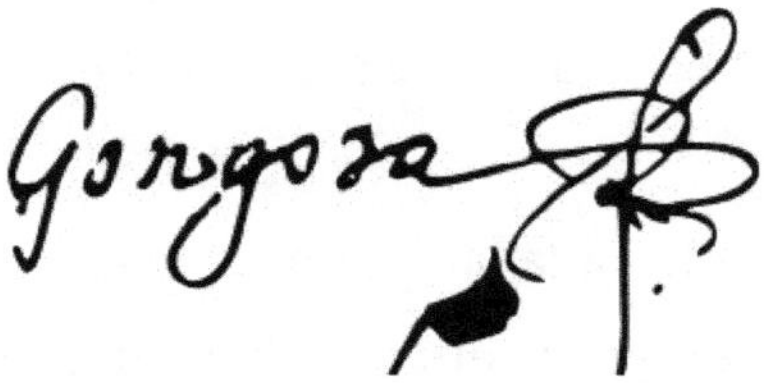

LUIS DE GÓNGORA

Romancillo: La más bella niña

La más bella niña
de nuestro lugar,
hoy vïuda y sola,
y ayer por casar,
viendo que sus ojos
a la guerra van,
a su madre dice,
que escucha su mal:
«*Dejadme llorar*
orillas del mar.

»Pues me distes, madre,
en tan tierna edad
tan corto el placer,
tan largo el pesar,
y me cautivastes
de quien hoy se va
y lleva las llaves
de mi libertad,
dejadme llorar
orillas del mar.

»En llorar conviertan,
mis ojos, de hoy más,
el sabroso oficio
del dulce mirar,
pues que no se pueden
mejor ocupar,
yéndose a la guerra
quien era mi paz,
dejadme llorar
orillas del mar.

»No me pongáis freno
ni queráis culpar,
que lo uno es justo,
lo otro, por demás;
si me queréis bien,
no me hagáis mal:
harto peor fuera
morir y callar,
dejadme llorar
orillas del mar.

»Dulce madre mía,
¿quién no llorará,
aunque tenga el pecho
como un pedernal,
y no dará voces,
viendo marchitar
los más verdes años
de mi mocedad?,
dejadme llorar
orillas del mar.

»Váyanse las noches,
pues ido se han
los ojos que hacían
los míos velar;
váyanse, y no vean
tanta soledad,
después que en mi lecho
sobra la mitad,
dejadme llorar
orillas del mar».

FRANCISCO DE QUEVEDO
Amor constante más allá de la muerte

Cerrar podrá mis ojos la postrera
sombra que me llevare el blanco día,
y podrá desatar esta alma mía
hora a su afán ansioso lisonjera:

mas no, de esotra parte, en la ribera,
dejará la memoria, en donde ardía:
nadar sabe mi llama la agua fría,
y perder el respeto a ley severa.

Alma a quien todo un dios prisión ha sido,
venas que humor a tanto fuego han dado,
médulas que han gloriosamente ardido,

su cuerpo dejarán, no su cuidado;
serán ceniza, mas tendrá sentido;
polvo serán, mas polvo enamorado.

FRANCISCO DE QUEVEDO
Preso en los laberintos del amor no puede ya lograr ventura

Tras arder siempre, nunca consumirme;
y tras siempre llorar, nunca acabarme;
tras tanto caminar, nunca cansarme;
y tras siempre vivir, jamás morirme;

después de tanto mal, no arrepentirme;
tras tanto engaño, no desengañarme;
después de tantas penas, no alegrarme;
y tras tanto dolor, nunca reírme;

en tantos laberintos, no perderme,
ni haber, tras tanto olvido, recordado,
¿qué fin alegre puede prometerme?

Antes muerto estaré que escarmentado:
ya no pienso tratar de defenderme,
sino de ser de veras desdichado.

CALDERÓN DE LA BARCA
Estas que fueron pompa y alegría

Estas que fueron pompa y alegría,
despertando al albor de la mañana,
a la tarde serán lástima vana,
durmiendo en brazos de la noche fría.

Este matiz que al cielo desafía,
iris listado de oro, nieve y grana,
será escarmiento de la vida humana:
¡tanto se emprende en término de un día!

A florecer las rosas madrugaron
y para envejecerse florecieron;
cuna y sepulcro en un botón hallaron.

Tales los hombres sus fortunas vieron:
en un día nacieron y expiraron,
que, pasados los siglos, horas fueron.

SOR JUANA INÉS DE LA CRUZ
Al que ingrato me deja, busco amante

Al que ingrato me deja, busco amante;
al que amante me sigue, dejo ingrata;
constante adoro a quien mi amor maltrata,
maltrato a quien mi amor busca constante.

Al que trato de amor, hallo diamante,
y soy diamante al que de amor me trata;
triunfante quiero ver al que me mata
y mato al que me quiere ver triunfante.

Si a éste pago, padece mi deseo;
si ruego a aquél, mi pundonor enojo:
de entrambos modos infeliz me veo.

Pero yo, por mejor partido, escojo,
de quien no quiero, ser violento empleo,
que de quien no me quiere, vil despojo.

DON EUGENIO
GERARDO LOBO,

EUGENIO GERARDO LOBO
Arder en viva llama, helarme luego

Arder en viva llama, helarme luego,
mezclar fúnebre queja y dulce canto,
equivocar la risa con el llanto,
no saber distinguir nieve ni fuego.

Confianza y temor, ansia y sosiego,
aliento del espíritu y quebranto,
efecto natural, fuerza de encanto,
ver que estoy viendo y contemplarme ciego;

la razón libre, preso el albedrío,
querer y no querer a cualquier hora,
poquísimo valor y mucho brío;

contrariedad que el alma sabe e ignora,
es, Marsia soberana, el amor mío.
¿Preguntáis quién lo causa? Vos, Señora.

GUSTAVO ADOLFO BÉCQUER
Rimas

XXI

¿Qué es poesía?, dices mientras clavas
en mi pupila tu pupila azul.
¿Qué es poesía? ¿Y tú me lo preguntas?
Poesía… eres tú.

XXIII

Por una mirada, un mundo;
por una sonrisa, un cielo;
por un beso… ¡yo no sé
qué te diera por un beso!

XXX

Asomaba a sus ojos una lágrima
y a mi labio una frase de perdón;
habló el orgullo y enjugó su llanto,
y la frase en mis labios expiró.

Yo voy por un camino, ella por otro;
pero al pensar en nuestro mutuo amor,
yo digo aún: «¿Por qué callé aquel día?»,
y ella dirá: «¿Por qué no lloré yo?».

XXXVIII

Los suspiros son aire y van al aire.
Las lágrimas son agua y van al mar.
Dime, mujer: cuando el amor se olvida,
¿sabes tú a dónde va?

XLI

Tú eras el huracán y yo la alta
torre que desafía su poder:
¡tenías que estrellarte o que abatirme!…
¡No pudo ser!

Tú eras el océano y yo la enhiesta
roca que firme aguarda su vaivén:
¡tenías que romperte o que arrancarme!…
¡No pudo ser!

Hermosa tú, yo altivo: acostumbrados
uno a arrollar, el otro a no ceder;
la senda estrecha, inevitable el choque…
¡No pudo ser!

LIII

Volverán las oscuras golondrinas
en tu balcón sus nidos a colgar,
y otra vez con el ala a sus cristales
jugando llamarán.
Pero aquéllas que el vuelo refrenaban,
tu hermosura y mi dicha al contemplar;
aquellas que aprendieron nuestros nombres,
ésas… ¡no volverán!

Volverán las tupidas madreselvas
de tu jardín las tapias a escalar,
y otra vez a la tarde, aún más hermosas
sus flores se abrirán.
Pero aquellas cuajadas de rocío,
cuyas gotas mirábamos temblar
y caer, como lágrimas del día…
ésas… ¡no volverán!

Volverán del amor en tus oídos
las palabras ardientes a sonar;
tu corazón de su profundo sueño
tal vez despertará.

Pero mudo y absorto y de rodillas,
como se adora a Dios ante su altar,
como yo te he querido…, desengáñate:
¡así no te querrán!

- Espronceda -

JOSÉ DE ESPRONCEDA
Canto a Teresa

DESCANSA EN PAZ
¡Bueno es el mundo, bueno, bueno, bueno!
Como de Dios al fin obra maestra,
Por todas partes de delicias lleno,
De que Dios ama al hombre hermosa muestra.
Salga la voz alegre de mi seno
A celebrar esta vivienda nuestra;
¡Paz a los hombres! ¡gloria en las alturas!
¡Cantad en vuestra jaula, criaturas!

(*María*, por DON MIGUEL DE LOS SANTOS ÁLVAREZ)

¿Por qué volvéis a la memoria mía,
tristes recuerdos del placer perdido,
a aumentar la ansiedad y la agonía
de este desierto corazón herido?
¡Ay! que de aquellas horas de alegría
le quedó al corazón sólo un gemido,
y el llanto que al dolor los ojos niegan
lágrimas son de hiel que el alma anegan.

¿Dónde volaron ¡ay! aquellas horas
de juventud, de amor y de ventura,
regaladas de músicas sonoras,
adornadas de luz y de hermosura?
Imágenes de oro bullidoras,
sus alas de carmín y nieve pura,
al sol de mi esperanza desplegando,
pasaban ¡ay! a mi alrededor cantando.

Gorjeaban los dulces ruiseñores,
el sol iluminaba mi alegría,
el aura susurraba entre las flores,
el bosque mansamente respondía,
las fuentes murmuraban sus amores…
¡Ilusiones que llora el alma mía!
¡Oh! ¡cuán süave resonó en mi oído
el bullicio del mundo y su ruido!

Mi vida entonces, cual guerrera nave
que el puerto deja por la vez primera,
y al soplo de los céfiros süave
orgullosa despliega su bandera,
y al mar dejando que a sus pies alabe
su triunfo en roncos cantos, va velera,
una ola tras otra bramadora
hollando y dividiendo vencedora.

¡Ay! en el mar del mundo, en ansia ardiente
de amor volaba; el sol de la mañana
llevaba yo sobre mi tersa frente,
y el alma pura de su dicha ufana:
dentro de ella el amor, cual rica fuente
que entre frescuras y arboledas mana.
Brotaba entonces abundante río
de ilusiones y dulce desvarío.

Yo amaba todo: un noble sentimiento
exaltaba mi ánimo, y sentía
en mi pecho un secreto movimiento,
de grandes hechos generoso guía:
la libertad con su inmortal aliento,
santa diosa, mi espíritu encendía,
contino imaginando en mi fe pura
sueños de gloria al mundo y de ventura.

El puñal de Catón, la adusta frente
del noble Bruto, la constancia fiera
y el arrojo de Scévola valiente,
la doctrina de Sócrates severa,
la voz atronadora y elocuente
del orador de Atenas, la bandera
contra el tirano Macedonio alzando,
y al espantado pueblo arrebatando;

el valor y la fe del caballero,
del trovador el arpa y los cantares,
del gótico castillo el altanero
antiguo torreón, do sus pesares
cantó tal vez con eco lastimero,
¡ay! arrancada de sus patrios lares,
joven cautiva, al rayo de la luna,
lamentando su ausencia y su fortuna:

el dulce anhelo del amor que aguarda,
tal vez inquieto y con mortal recelo;
la forma bella que cruzó gallarda,
allá en la noche, entre medroso velo;
la ansiada cita que en llegar se tarda
al impaciente y amoroso anhelo,
la mujer y la voz de su dulzura,
que inspira al alma celestial ternura:

a un tiempo mismo en rápida tormenta
mi alma alborotada de contino,
cual las olas que azota con violenta
cólera impetüoso torbellino:
soñaba al héroe ya, la plebe atenta
en mi voz escuchaba su destino;
ya al caballero, al trovador soñaba,
y de gloria y de amores suspiraba.

Hay una voz secreta, un dulce canto,
que el alma sólo recogida entiende,
un sentimiento misterioso y santo,
que del barro al espíritu desprende;
agreste, vago y solitario encanto
que en inefable amor el alma enciende,
volando tras la imagen peregrina
el corazón de su ilusión divina.

Yo, desterrado en extranjera playa,
con los ojos estático seguía
la nave audaz que en argentada raya
volaba al puerto de la patria mía:
yo, cuando en Occidente el sol desmaya,
solo y perdido en la arboleda umbría,
oír pensaba el armonioso acento
de una mujer, al suspirar del viento.

¡Una mujer! En el templado rayo
de la mágica luna se colora,
del sol poniente al lánguido desmayo
lejos entre las nubes se evapora;
sobre las cumbres que florece Mayo
brilla fugaz al despuntar la aurora,
cruza tal vez por entre el bosque umbrío,
juega en las aguas del sereno río.

¡Una mujer! Deslizase en el cielo
allá en la noche desprendida estrella.
Si aroma el aire recogió en el suelo,
es el aroma que le presta ella.
Blanca es la nube que en callado vuelo
cruza la esfera, y que su planta huella
y en la tarde la mar olas le ofrece
de plata y de zafir, donde se mece.

Mujer que amor en su ilusión figura,
mujer que nada dice a los sentidos,
ensueño de suavísima ternura,
eco que regaló nuestros oídos;
de amor la llama generosa y pura,
los goces dulces del amor cumplidos,
que engalana la rica fantasía,
goces que avaro el corazón ansía.

¡Ay! aquella mujer, tan sólo aquella,
tanto delirio a realizar alcanza,
y esa mujer tan cándida y tan bella
es mentida ilusión de la esperanza:
es el alma que vívida destella
su luz al mundo cuando en él se lanza,
y el mundo con su magia y galanura
es espejo no más de su hermosura:

es el amor que al mismo amor adora,
el que creó las Sílfides y Ondinas,
la sacra ninfa que bordando mora
debajo de las aguas cristalinas:
es el amor que recordando llora
las arboledas del Edén divinas:
amor de allí arrancado, allí nacido,
que busca en vano aquí su bien perdido.

¡Oh llama santa! ¡celestial anhelo!
¡Sentimiento purísimo! ¡memoria
acaso triste de un perdido cielo,
quizá esperanza de futura gloria!
¡Huyes y dejas llanto y desconsuelo!
¡Oh mujer que en imagen ilusoria
tan pura, tan feliz, tan placentera,
brindó el amor a mi ilusión primera!…

¡Oh Teresa! ¡Oh dolor! Lágrimas mías,
¡ah! ¿dónde estáis que no corréis a mares?
¿Por qué, por qué como en mejores días,
no consoláis vosotras mis pesares?
¡Oh! los que no sabéis las agonías
de un corazón que penas a millares
¡ah! desgarraron y que ya no llora,
¡piedad tened de mi tormento ahora!

¡Oh dichosos mil veces, sí, dichosos
los que podéis llorar! y ¡ay! sin ventura
de mí, que entre suspiros angustiosos
ahogar me siento en infernal tortura.
¡Retuércese entre nudos dolorosos
mi corazón, gimiendo de amargura!
También tu corazón, hecho pavesa,
¡ay! llegó a no llorar, ¡pobre Teresa!

¿Quién pensara jamás, Teresa mía,
que fuera eterno manantial de llanto,
tanto inocente amor, tanta alegría,
tantas delicias y delirio tanto?
¿Quién pensara jamás llegase un día
en que perdido el celestial encanto
y caída la venda de los ojos,
cuanto diera placer causara enojos?

Aun parece, Teresa, que te veo
aérea como dorada mariposa,
ensueño delicioso del deseo,
sobre tallo gentil temprana rosa,
del amor venturoso devaneo,
angélica, purísima y dichosa,
y oigo tu voz dulcísima, y respiro
tu aliento perfumado en tu suspiro.

Y aun miro aquellos ojos que robaron
a los cielos su azul, y las rosadas
tintas sobre la nieve, que envidiaron
las de Mayo serenas alboradas:
y aquellas horas dulces que pasaron
tan breves, ¡ay! como después lloradas,
horas de confianza y de delicias,
de abandono y de amor y de caricias.

Que así las horas rápidas pasaban,
y pasaba a la par nuestra ventura;
y nunca nuestras ansias las contaban,
tú embriagada en mi amor, yo en tu hermosura.
Las horas ¡ay! huyendo nos miraban,
llanto tal vez vertiendo de ternura;
que nuestro amor y juventud veían,
y temblaban las horas que vendrían.

Y llegaron en fin… ¡Oh! ¿quién impío
¡ay! agostó la flor de tu pureza?
Tú fuiste un tiempo cristalino río,
manantial de purísima limpieza;
después torrente de color sombrío,
rompiendo entre peñascos y maleza,
y estanque, en fin, de aguas corrompidas,
entre fétido fango detenidas.

¿Cómo caíste despeñado al suelo,
astro de la mañana luminoso?
Ángel de luz, ¿quién te arrojó del cielo
a este valle de lágrimas odioso?
Aun cercaba tu frente el blanco velo
del serafín, y en ondas fulguroso
rayos al mundo tu esplendor vertía,
y otro cielo el amor te prometía.

Mas ¡ay! que es la mujer ángel caído,
o mujer nada más y lodo inmundo,
hermoso ser para llorar nacido,
o vivir como autómata en el mundo.
Sí, que el demonio en el Edén perdido,
abrasara con fuego del profundo
la primera mujer, y ¡ay! aquel fuego
la herencia ha sido de sus hijos luego.

Brota en el cielo del amor la fuente,
que a fecundar el universo mana,
y en la tierra su límpida corriente
sus márgenes con flores engalana;
mas, ¡ay! huid: el corazón ardiente
que el agua clara por beber se afana,
lágrimas verterá de duelo eterno,
que su raudal lo envenenó el infierno.

Huid, si no queréis que llegue un día
en que enredado en retorcidos lazos
el corazón, con bárbara porfía
luchéis por arrancároslo a pedazos:
en que al cielo en histérica agonía
frenéticos alcéis entrambos brazos,
para en vuestra impotencia maldecirle,
y escupiros, tal vez, al escupirle.

Los años ¡ay! de la ilusión pasaron,
las dulces esperanzas que trajeron
con sus blancos ensueños se llevaron,
y el porvenir de oscuridad vistieron:
las rosas del amor se marchitaron,
las flores en abrojos convirtieron,
y de afán tanto y tan soñada gloria
sólo quedó una tumba, una memoria.

¡Pobre Teresa! ¡Al recordarte siento
un pesar tan intenso!… Embarga impío
mi quebrantada voz mi sentimiento,
y suspira tu nombre el labio mío:
para allí su carrera el pensamiento,
hiela mi corazón punzante frío,
ante mis ojos la funesta losa,
donde vil polvo tu beldad reposa.

Y tú feliz, que hallaste en la muerte
sombra a que descansar en tu camino,
cuando llegabas, mísera, a perderte
y era llorar tu único destino:
cuando en tu frente la implacable suerte
grabba de los réprobos el sino;
feliz, la muerte te arrancó del suelo,
y otra vez ángel, te volviste al cielo.

Roída de recuerdos de amargura,
árido el corazón, sin ilusiones,
la delicada flor de tu hermosura
ajaron del dolor los aquilones:
sola, y envilecida, y sin ventura,
tu corazón secaron las pasiones:
tus hijos ¡ay! de ti se avergonzaran,
y hasta el nombre de madre te negaran.

Los ojos escaldados de tu llanto,
tu rostro cadavérico y hundido;
único desahogo en tu quebranto,
el histérico ¡ay! de tu gemido:
¿Quién, quién pudiera en infortunio tanto
envolver tu desdicha en el olvido,
disipar tu dolor y recogerte
en su seno de paz? ¡Sólo la muerte!

¡Y tan joven, y ya tan desgraciada!
espíritu indomable, alma violenta,
en ti, mezquina sociedad, lanzada
a romper tus barreras turbulenta.
Nave contra las rocas quebrantada,
allá vaga, a merced de la tormenta,
en las olas tal vez náufraga tabla,
que sólo ya de sus grandezas habla.

Un recuerdo de amor que nunca muere
y está en mi corazón; un lastimero
tierno quejido que en el alma hiere,
eco süave de su amor primero:
¡ay! de tu luz, en tanto yo viviere,
quedará un rayo en mí, blanco lucero,
que iluminaste con tu luz querida
la dorada mañana de mi vida.

Que yo, como una flor que en la mañana
abre su cáliz al naciente día,
¡ay! al amor abrí tu alma temprana,
y exalté tu inocente fantasía,
yo inocente también ¡oh! cuán ufana
al porvenir mi mente sonreía,
y en alas de mi amor, ¡con cuánto anhelo
pensé contigo remontarme al cielo!

Y alegre, audaz, ansioso, enamorado,
en tus brazos en lánguido abandono,
de glorias y deleites rodeado,
levantar para ti soñé yo un trono:
y allí, tú venturosa y yo a tu lado,
vencer del mundo el implacable encono,
y en un tiempo, sin horas ni medida,
ver como un sueño resbalar la vida.

¡Pobre Teresa! Cuando ya tus ojos
áridos ni una lágrima brotaban;
cuando ya su color tus labios rojos
en cárdenos matices se cambiaban;
cuando de tu dolor tristes despojos
la vida y su ilusión te abandonaban,
y consumía lenta calentura
tu corazón al par de tu amargura;

si en tu penosa y última agonía
volviste a lo pasado el pensamiento;
si comparaste a tu existencia un día
tu triste soledad y tu aislamiento;
si arrojó a tu dolor tu fantasía
tus hijos ¡ay! en tu postrer momento
a otra mujer tal vez acariciando,
«madre» tal vez a otra mujer llamando;

si el cuadro de tus breves glorias viste
pasar como fantástica quimera,
y si la voz de tu conciencia oíste
dentro de ti gritándote severa;
si, en fin, entonces tú llorar quisiste
y no brotó una lágrima siquiera
tu seco corazón, y a Dios llamaste,
y no te escuchó Dios, y blasfemaste,

¡oh! ¡crüel! ¡muy crüel! ¡martirio horrendo!
¡Espantosa expiación de tu pecado!
Sobre un lecho de espinas, maldiciendo,
morir, el corazón desesperado!
Tus mismas manos de dolor mordiendo,
presente a tu conciencia tu pasado,
buscando en vano, con los ojos fijos,
y extendiendo tus brazos a tus hijos.

¡Oh! ¡crüel! ¡muy crüel!… ¡Ay! yo entre tanto
dentro del pecho mi dolor oculto,
enjugo de mis párpados el llanto
y doy al mundo el exigido culto:
yo escondo con vergüenza mi quebranto,
mi propia pena con mi risa insulto,
y me divierto en arrancar del pecho
mi mismo corazón pedazos hecho.

Gocemos, sí; la cristalina esfera
gira bañada en luz: ¡bella es la vida!
¿Quién a parar alcanza la carrera
del mundo hermoso que al placer convida?
Brilla ardiente el sol, la primavera
los campos pinta en la estación florida:
truéquese en risa mi dolor profundo…
Que haya un cadáver más ¿qué importa al mundo?

TOMÁS DE IRIARTE
Cuando la tierra fría

Cuando la tierra fría
dé hospedaje a mi cuerpo,
¿qué servirá que deje
acá renombre eterno,
que me erija un amigo
sepulcral monumento,
que me escriba la vida,
que publique mis versos,
que damas y galanes,
niños, mozos y viejos
me lean, y me lloren
mis parientes y afectos?
Esta fama, esta gloria,
a que aspiran mil necios,
no me da, mientras vivo,
vanidad ni consuelo.
No quiero yo otra fama,
otra gloria no quiero,
sino que se oiga en boca
de niños, mozos, viejos,
de damas y galanes,
de parientes y afectos:
«Este hombre quiso a Laura,
y Laura es quien le ha muerto».

RUBÉN DARÍO
Amo, amas

Amar, amar, amar, amar siempre, con todo
el ser y con la tierra y con el cielo,
con lo claro del sol y lo obscuro del lodo;
amar por toda ciencia y amar por todo anhelo.

Y cuando la montaña de la vida
nos sea dura y larga y alta y llena de abismos,
amar la inmensidad que es de amor encendida
¡y arder en la fusión de nuestros pechos mismos!

JOSÉ ZORRILLA
Don Juan Tenorio

DON JUAN:
—Que os hallabais
bajo mi amparo segura,
y el aura del campo pura
libre por fin respirabais.
¡Cálmate, pues, vida mía!
Reposa aquí, y un momento
olvida de tu convento
la triste cárcel sombría.
¡Ah! ¿No es cierto, ángel de amor,
que en esta apartada orilla
más pura la luna brilla
y se respira mejor?
Esta aura que vaga llena
de los sencillos olores
de las campesinas flores
que brota esa orilla amena;
esa agua limpia y serena
que atraviesa sin temor
la barca del pescador
que espera cantando al día,
¿no es cierto, paloma mía,
que están respirando amor?

Esa armonía que el viento
recoge entre esos millares
de floridos olivares,
que agita con manso aliento;
ese dulcísimo acento
con que trina el ruiseñor
de sus copas morador
llamando al cercano día,
¿no es verdad, gacela mía,
que están respirando amor?
Y estas palabras que están
filtrando insensiblemente
tu corazón ya pendiente
de los labios de don Juan,
y cuyas ideas van
inflamando en su interior
un fuego germinador
no encendido todavía,
¿no es verdad, estrella mía,
que están respirando amor?
Y esas dos líquidas perlas
que se desprenden tranquilas
de tus radiantes pupilas

convidándome a beberlas,
evaporarse, a no verlas,
de sí mismas al calor;
y ese encendido color
que en tu semblante no había,
¿no es verdad, hermosa mía,
que están respirando amor?
¡Oh! Sí, bellísima Inés
espejo y luz de mis ojos;
escucharme sin enojos,
como lo haces, amor es:
mira aquí a tus plantas, pues,
todo el altivo rigor
de este corazón traidor
que rendirse no creía,
adorando, vida mía,
la esclavitud de tu amor.

MANUEL ACUÑA
Nocturno a Rosario

I

¡Pues bien! yo necesito
decirte que te adoro
decirte que te quiero
con todo el corazón;
que es mucho lo que sufro,
que es mucho lo que lloro,
que ya no puedo tanto
al grito que te imploro,
te imploro y te hablo en nombre
de mi última ilusión.

II

Yo quiero que tú sepas
que ya hace muchos días
estoy enfermo y pálido
de tanto no dormir;
que ya se han muerto todas
las esperanzas mías,
que están mis noches negras,
tan negras y sombrías,
que ya no sé ni dónde
se alzaba el porvenir.

III

De noche, cuando pongo
mis sienes en la almohada
y hacia otro mundo quiero
mi espíritu volver,
camino mucho, mucho,
y al fin de la jornada
las formas de mi madre
se pierden en la nada
y tú de nuevo vuelves
en mi alma a aparecer.

IV

Comprendo que tus besos
jamás han de ser míos,
comprendo que en tus ojos
no me he de ver jamás,
y te amo y en mis locos
y ardientes desvaríos
bendigo tus desdenes,
adoro tus desvíos,
y en vez de amarte menos
te quiero mucho más.

V

A veces pienso en darte
mi eterna despedida,
borrarte en mis recuerdos
y hundirte en mi pasión,
mas si es en vano todo
y el alma no te olvida,
¿Qué quieres tú que yo haga,
pedazo de mi vida?
¿Qué quieres tú que yo haga
con este corazón?

VI

Y luego que ya estaba
concluido tu santuario,
tu lámpara encendida,
tu velo en el altar;
el sol de la mañana
detrás del campanario,
chispeando las antorchas,
humeando el incensario,
y abierta allá a lo lejos
la puerta del hogar...

VII

¡Qué hermoso hubiera sido
vivir bajo aquel techo,
los dos unidos siempre
y amándonos los dos;
tú siempre enamorada,
yo siempre satisfecho,
los dos una sola alma,
los dos un solo pecho,
y en medio de nosotros
mi madre como un Dios!

VIII

¡Figúrate qué hermosas
las horas de esa vida!
¡Qué dulce y bello el viaje
por una tierra así!
Y yo soñaba en eso,
mi santa prometida;
y al delirar en ello
con alma estremecida,
pensaba yo en ser bueno
por ti, no más por ti.

IX

¡Bien sabe Dios que ése era
mi mas hermoso sueño,
mi afán y mi esperanza,
mi dicha y mi placer;
bien sabe Dios que en nada
cifraba yo mi empeño,
sino en amarte mucho
bajo el hogar risueño
que me envolvió en sus besos
cuando me vio nacer!

X

Esa era mi esperanza…
mas ya que a sus fulgores
se opone el hondo abismo
que existe entre los dos,
¡Adiós por la vez última,
amor de mis amores;
la luz de mis tinieblas,
la esencia de mis flores;
mi lira de poeta,
mi juventud, adiós!

ISMAEL ENRIQUE
ARCINIEGAS

ISMAEL ENRIQUE ARCINIEGAS
A solas

¿Quieres que hablemos?… Está bien… empieza:
habla a mi corazón como otros días…
¡Pero no!… ¿qué dirías?
¿Qué podrías decir a mi tristeza?
No intentes disculparte… ¡todo es vano!
Ya murieron las rosas en el huerto;
el campo verde lo secó el verano,
y mi fe en ti, como mi amor, ha muerto.

Amor arrepentido,
ave que quieres regresar al nido
al través de la escarcha y las neblinas;
amor que vienes aterido y yerto,
¡donde fuiste feliz… ya todo ha muerto!
¡No vuelvas… Todo lo hallarás en ruinas!

¿A qué has venido? ¿Para qué volviste?
¿Qué buscas?… ¡Nadie habrá de responderte!
Está sola mi alma, y estoy triste,
inmensamente triste hasta la muerte.
Todas las ilusiones que te amaron,
las que quisieron compartir tu suerte,
mucho tiempo en la sombra te esperaron,
y se fueron… ¡cansadas de no verte!

Cuando por vez primera
en mi camino te encontré, reía
en los campos la alegre primavera…
toda esa luz, aromas y armonía.

Hoy… ¡todo cuán distinto! Paso a paso
y solo voy por la desierta vía
—nave sin rumbo entre revueltas olas—
pensando en las tristezas del ocaso,
y en las tristezas de las almas solas.

En torno la mirada no columbra
sino aspereza y páramos sombríos;
los nidos en la nieve están vacíos,
y la estrella que amamos ya no alumbra
el azul de tus sueños y los míos.

Partiste para ignota lontananza
cuando empezaba a descender la sombra.
…¿Recuerdas? Te imploraba mi esperanza,
¡pero ya mi esperanza no te nombra!

¡No ha de nombrarte!…¿para qué?… Vacía
está el ara, y la historia yace trunca.
¡Ya para que esperar que irradie el día!
¡Ya para que decirnos: Todavía!
Si una voz grita en nuestras almas: ¡Nunca!

Dices que eres la misma; que en tu pecho
la dulce llama de otros tiempos arde;
que el nido del amor no esta desecho,
que para amarnos otra vez, no es tarde.

¡Te engañas!… ¡No lo creas!… Ya la duda
echó en mi corazón fuertes raíces.
Ya la fe de otros años no me escuda…
Quedó de sueños mi ilusión desnuda,
¡y no puedo creer lo que me dices!

¡No lo puedo creer!… Mi fe burlada,
mi fe en tu amor perdida,
es ansia de una nave destrozada,
¡ancla en el fondo de la mar caída!

Anhelos de un amor, castos risueños,
ya nunca volveréis… Se van… ¡Se esconden!
¿Los llamas?… ¡Es inútil!… No responden…
¡Ya los cubre el sudario de mis sueños!

Hace tiempo se fue la primavera…
¡Llegó el invierno, fúnebre y sombrío!
Ave fue nuestro amor, ave viajera,
¡y las aves se van cuando hace frío!

MIGUEL RAMOS CARRIÓN

MIGUEL RAMOS CARRIÓN
El seminarista de los ojos negros

Desde la ventana de un casucho viejo
abierta en verano, cerrada en invierno
por vidrios verdosos y plomos espesos,
una salmantina de rubio cabello
y ojos que parecen pedazos de cielo,
mientas la costura mezcla con el rezo,
ve todas las tardes pasar en silencio
los seminaristas que van de paseo.

Baja la cabeza, sin erguir el cuerpo,
marchan en dos filas pausados y austeros,
sin más nota alegre sobre el traje negro
que la beca roja que ciñe su cuello,
y que por la espalda casi roza el suelo.

Un seminarista, entre todos ellos,
marcha siempre erguido, con aire resuelto.
La negra sotana dibuja su cuerpo
gallardo y airoso, flexible y esbelto.
Él, solo a hurtadillas y con el recelo
de que sus miradas observen los clérigos,
desde que en la calle vislumbra a lo lejos
a la salmantina de rubio cabello

la mira muy fijo, con mirar intenso.
Y siempre que pasa le deja el recuerdo
de aquella mirada de sus ojos negros.
Monótono y tardo va pasando el tiempo
y muere el estío y el otoño luego,
y vienen las tardes plomizas de invierno.

Desde la ventana del casucho viejo
siempre sola y triste; rezando y cosiendo
una salmantina de rubio cabello
ve todas las tardes pasar en silencio
los seminaristas que van de paseo.

Pero no ve a todos: ve solo a uno de ellos,
su seminarista de los ojos negros;
cada vez que pasa gallardo y esbelto,
observa la niña que pide aquel cuerpo
marciales arreos.

Cuando en ella fija sus ojos abiertos
con vivas y audaces miradas de fuego,
parece decirla: —¡Te quiero!, ¡te quiero!,
¡Yo no he de ser cura, yo no puedo serlo!

¡Si yo no soy tuyo, me muero, me muero!
A la niña entonces se le oprime el pecho,
la labor suspende y olvida los rezos,
y ya vive sólo en su pensamiento
el seminarista de los ojos negros.

En una lluviosa mañana de inverno
la niña que alegre saltaba del lecho,
oyó tristes cánticos y fúnebres rezos;
por la angosta calle pasaba un entierro.

Un seminarista sin duda era el muerto;
pues, cuatro, llevaban en hombros el féretro,
con la beca roja por cima cubierto,
y sobre la beca, el bonete negro.
Con sus voces roncas cantaban los clérigos
los seminaristas iban en silencio
siempre en dos filas hacia el cementerio
como por las tardes al ir de paseo.

La niña angustiada miraba el cortejo
los conoce a todos a fuerza de verlos…
tan sólo, tan sólo faltaba entre ellos…
el seminarista de los ojos negros.

Corriendo los años, pasó mucho tiempo...
y allá en la ventana del casucho viejo,
una pobre anciana de blancos cabellos,
con la tez rugosa y encorvado el cuerpo,
mientras la costura mezcla con el rezo,
ve todas las tardes pasar en silencio
los seminaristas que van de paseo.

La labor suspende, los mira, y al verlos
sus ojos azules ya tristes y muertos
vierten silenciosas lágrimas de hielo.

Sola, vieja y triste, aún guarda el recuerdo
del seminarista de los ojos negros...

JOSÉ MARTÍ
Lo que debes amar

Debes amar

la arcilla que va en tus manos;

debes amar

su arena hasta la locura

y si no,

no la emprendas que será en vano;

sólo el amor

alumbra lo que perdura…

sólo el amor

convierte en milagro el barro…

Debes amar

el tiempo de los intentos;

debes amar

la hora que nunca brilla;

y si no,

no pretendas tocar lo cierto…

sólo el amor

engendra la maravilla

sólo el amor

consigue encender lo muerto…

AMADO NERVO
En paz

Muy cerca de mi ocaso, yo te bendigo, vida,
porque nunca me diste ni esperanza fallida,
ni trabajos injustos, ni pena inmerecida;

porque veo al final de mi rudo camino
que yo fui el arquitecto de mi propio destino;

que si extraje las mieles o la hiel de las cosas,
fue porque en ellas puse hiel o mieles sabrosas:
cuando planté rosales, coseché siempre rosas.

…Cierto, a mis lozanías va a seguir el invierno:
¡mas tú no me dijiste que mayo fuese eterno!

Hallé sin duda largas las noches de mis penas;
mas no me prometiste tan sólo noches buenas;
y en cambio tuve algunas santamente serenas…

Amé, fui amado, el sol acarició mi faz.
¡Vida, nada me debes! ¡Vida, estamos en paz!

CÉSAR VALLEJO
Y si después de tantas palabras

¡Y si después de tantas palabras,
no sobrevive la palabra!
¡Si después de las alas de los pájaros,
no sobrevive el pájaro parado!
¡Más valdría, en verdad,
que se lo coman todo y acabemos!

¡Haber nacido para vivir de nuestra muerte!
¡Levantarse del cielo hacia la tierra
por sus propios desastres
y espiar el momento de apagar con su sombra su
tiniebla!

¡Más valdría, francamente,
que se lo coman todo y qué más da…!

¡Y si después de tanta historia, sucumbimos,
no ya de eternidad,
sino de esas cosas sencillas, como estar
en la casa o ponerse a cavilar!
¡Y si luego encontramos,
de buenas a primeras, que vivimos,
a juzgar por la altura de los astros,

por el peine y las manchas del pañuelo!
¡Más valdría, en verdad,
que se lo coman todo, desde luego!

Se dirá que tenemos
en uno de los ojos mucha pena
y también en el otro, mucha pena
y en los dos, cuando miran, mucha pena…
Entonces… ¡Claro!… Entonces… ¡ni palabra!

JOSE BATRES MONTUFAR

JOSÉ BATRES MONTÚFAR
Pienso en ti

Yo pienso en ti, tú vives en mi mente
sola, fija, sin tregua, a toda hora,
aunque tal vez el rostro indiferente
no deje reflejar sobre mi frente
la llama que en silencio me devora.
En mi lóbrega y yerta fantasía
brilla tu imagen apacible y pura,
como el rayo de luz que el sol envía
a través de una bóveda sombría
al roto mármol de una sepultura.
Callado, inerte, en estupor profundo,
mi corazón se embarga y se enajena
y allá en su centro vibra moribundo
cuando entre el vano estrépito del mundo
la melodía de tu nombre suena.
Sin lucha, sin afán y sin lamento,
sin agitarme en ciego frenesí,
sin proferir un solo, un leve acento,
las largas horas de la noche cuento
¡y pienso en ti!

C. Salmerón Acosta

CRUZ SALMERÓN ACOSTA
Azul

Azul de aquella cumbre tan lejana
hacia la cual mi pensamiento vuela,
bajo la paz azul de la mañana,
¡color que tantas cosas me revela!

Azul que del azul cielo emana,
y azul de este gran mar que me consuela,
mientras diviso en él la ilusión vana
de la visión del ala de una vela.

Azul de los paisajes abrileños,
triste azul de los líricos ensueños,
que no calman los íntimos hastíos.

Sólo me angustias cuando sufro antojos
de besar el azul de aquellos ojos
que nunca más contemplarán los míos.

www.ingramcontent.com/pod-product-compliance
Lightning Source LLC
La Vergne TN
LVHW051747080426
835511LV00018B/3256